AF356836

TABLEAUX ANCIENS

PROVENANT DE LA COLLECTION

DE MADAME LA BARONNE DE REISCHACH

Veuve du Prince Louis de Sayn Wittgenstein Sayn

VENTE

HOTEL DROUOT, SALLE N° 8

Le Mercredi 31 Mars 1886

A DEUX HEURES

EXPOSITION LE MARDI 30 MARS 1886

DE UNE HEURE ET DEMIE A CINQ HEURES

Me ESCRIBE

COMMISSAIRE-PRISEUR

6, rue de Hanovre

MM. HARO FRÈRES

PEINTRES-EXPERTS

rue Visconti, 14, et rue Bonaparte, 20

1886

5177. — BOURLOTON. — Imprimeries réunies, A. rue Mignon, 2, Paris.

CATALOGUE

DES

TABLEAUX ANCIENS

PROVENANT DE LA COLLECTION

DE MADAME LA BARONNE DE REISCHACH

Veuve du Prince Louis de Sayn Wittgenstein Sayn

VENTE

HOTEL DROUOT, SALLE N° 8

Le Mercredi 31 Mars 1886

A DEUX HEURES

EXPOSITION LE MARDI 30 MARS 1886

DE UNE HEURE ET DEMIE A CINQ HEURES

<table>
<tr><td>Me ESCRIBE
COMMISSAIRE-PRISEUR
6, rue de Hanovre</td><td>MM. HARO FRÈRES
PEINTRES-EXPERTS
rue Visconti, 14, et rue Bonaparte, 20</td></tr>
</table>

1886

CE CATALOGUE SE DISTRIBUE

A PARIS CHEZ

Mᵉ ESCRIBE	MM. HARO FRÈRES
COMMISSAIRE-PRISEUR	PEINTRES-EXPERTS
6, rue de Hanovre	rue Visconti, 14 et rue Bonaparte, 20

CONDITIONS DE LA VENTE

Elle sera faite au comptant.

Les acquéreurs payeront *cinq pour cent* en plus du prix d'adjudication.

DÉSIGNATION

TABLEAUX ANCIENS

BACKHUYSEN (Ludolf)

1. — L'Approche de l'orage.

A droite, deux bateaux pêcheurs ; à gauche, des
vaisseaux se dirigeant vers la ville d'Anvers, qu'on
aperçoit à l'horizon.

Mer houleuse. Ciel nuageux.

Signé à gauche sur une bouée et daté 1650.

T. — H., 0ᵐ,75. L., 0ᵐ,98.

BOTH (Jan) — (Attribué à)

2. — Un Torrent.

Paysage.

T. — H., 1ᵐ,14. L., 1ᵐ,57.

CAGLIARI (Paolo) *dit Paul Véronèse*
(D'après)

3. — Présentation de la Vierge au Temple.

T. — H., 1^m,90. L., 1^m,40.

CRANACH (Attribué à)

4. — Portrait de Martin Luther.

B. — H., 0^m,40. L., 0^m,35.

CUYP

5. — L'Abreuvoir.

Au premier plan, un cheval blanc et plusieurs moutons viennent se désaltérer dans le ruisseau.
Au second plan, des maisons.
Horizon montagneux.

B. — H., 0^m,54. L., 0^m,68.

DUGHET *dit Le Guaspre Poussin*

6. — Paysage.

Un torrent coule entre des rives boisées.
Effet de soleil couchant.

T. — H., 0^m,47. L., 0^m,74.

FYT

7. — Fruits et gibier. Nature morte.

Sur une table sont placés pêle-mêle Lièvres, Lapins,
Hérons, Canards, etc.
Par terre, des Choux, des Céleris, des Champi-
gnons, etc.

T. — H., 1^m,34. L., 1^m,76.

GELÉE (CLAUDE) *dit Le Lorrain*
(Attribué à)

8. — Continence d'Alexandre.

Auprès d'une montagne boisée, Alexandre, suivi de ses officiers, refuse l'eau qu'un soldat lui apporte dans un casque ; au centre, deux soldats près d'un bouquet de grands arbres ; à gauche, dans un bas-fond, les tentes de l'armée.

Au second plan, une hauteur couronnée de tours et de bâtiments ; plus loin, une ville fortifiée sur une colline.

Dans le fond, un fleuve coulant au milieu d'une vaste plaine, bordée de villes et de forteresses.

A l'horizon, de hautes montagnes.

T. — H., 1^m,19. L., 1^m,78.

HAMILTON

9. — Tête de Sanglier.

Signé à droite.

T. — H., 0^m,59. L., 0^m,79.

HEDA

10. — Citrons, Huîtres, etc., sur une table.

Signé dans le fond à droite.

B. — H., 0^m,46. L., 0^m,39.

MANDER (Attribué à)

11. — L'Enfant prodigue.

Au premier plan, à droite, l'Enfant prodigue festoie gaiement avec ses amis ; plus loin, de jeunes seigneurs dansent au son d'un orchestre.

A gauche, un fou cause à deux personnages.

Dans le fond, on aperçoit l'Enfant prodigue, dépouillé et chassé.

B. — H., 0^m,43. L., 0^m,72.

MILLET (FRANCISQUE)

12. — Paysage.

Au premier plan, à gauche, un berger, et une bergère, au pied de grands arbres ; au second plan, une rivière ; au fond, des maisons, et à l'horizon, des montagnes.

T. — H., 0^m,50. L., 0.66.

MOUCHERON

13. — Le Torrent.

> Un torrent, descendant d'un monticule, coule entre deux rives boisées. Sur la hauteur, une chapelle ; à droite, une route.

T. — H., 0ᵐ,68. L., 0ᵐ,80.

RIBERA (École de)

14. — Saint Pierre.

Forme ovale.

T. — H., 0ᵐ,57. L., 0ᵐ,43.

ROTTENHAMER (Attribué à)

15. — Adam et Ève dans le Paradis terrestre.

Cuivre. — H., 0ᵐ,55. L., 0ᵐ,42.

SAVERY (Roland)

16. — Paysage avec figures et animaux.

A gauche, une cabane de paysans abritée par de grands arbres ; au premier plan, de nombreux bestiaux.

A droite, un torrent venant de la montagne.

B. — H., 0^m,45. L., 0^m,70.

SNYDERS (Attribué à)

17. — Chiens attaquant un Sanglier.

T. — H., 0^m,72. L., 0^m,90.

VELDE (Esaias van) — (Attribué à)

18. — Patineurs sur une rivière gelée.

Au premier plan, sur la rivière débordée, dont les eaux ont envahi le village, un groupe de seigneurs et de dames, richement costumés, dont l'une porte un masque ; à droite, deux écuyers ; à gauche, assis sur un bateau, un cavalier et sa dame devisent tendrement.

Au second plan, des jeunes gens jouent à la crosse ; plus loin, de nombreux patineurs prennent leurs ébats.

Dans le fond, des maisons, une tour et des édifices.

Très curieux tableau indiquant bien les mœurs et les costumes du temps.

Signé d'un monogramme sur le bateau avec la date 1610.

B. — H., 0^m,50. L., 0^m,81.

WYCK (Thomas)

19. — L'Hôtellerie.

A gauche, un abreuvoir où boit un âne, monté par une femme ; au centre, une bohémienne dit la bonne aventure à un voyageur assis sur une pierre.

Au second plan, l'hôtellerie à laquelle on accède par un escalier ; dans le fond, des fabriques.

B. — H., 0ᵐ,45. L., 0ᵐ,55.

ÉCOLE HOLLANDAISE

20. — Intérieur de Forêt.

T. — H., 0ᵐ,78. L., 0ᵐ,98.

ÉCOLE FLAMANDE

21. — Portrait d'homme.

T. — H., 0ᵐ,58. L., 0ᵐ,50.

ÉCOLE ITALIENNE

22. — Guerrier.

T. — H., 1^m,03. L., 0^m,85.

23. — Tête de femme.

Pastel.

5177. — BOURLOTON. — Imprimeries réunies, A, rue Mignon, 2, Paris.